yukismart.com/b/d673d6

baby

niemowlę

jongen

chłopiec

vrienden

przyjaciele

meisje

dziewczynka

lach

uśmiech

huilen

płacz

haar

włosy

oog

oko

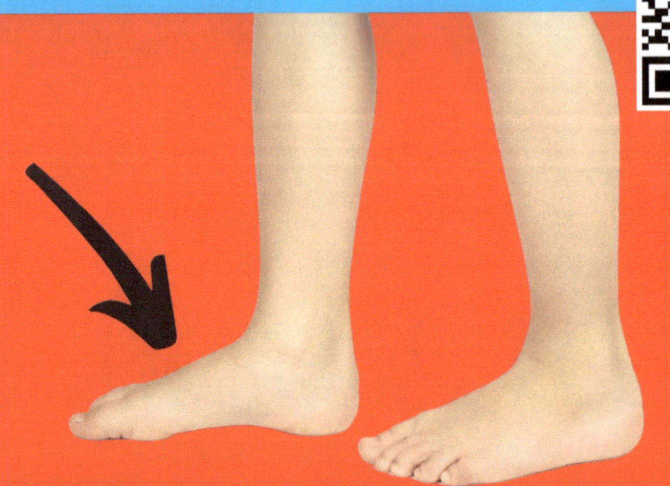

voet

stopa

hand

ręka

neus

nos

tanden

zęby

oor

ucho

tong

język

zon

słońce

maan

księżyc

ster

gwiazda

boom

drzewo

vogel

ptak

jas
płaszcz

broek
spodnie

jurk

sukienka

schoenen

buty

rood

czerwony

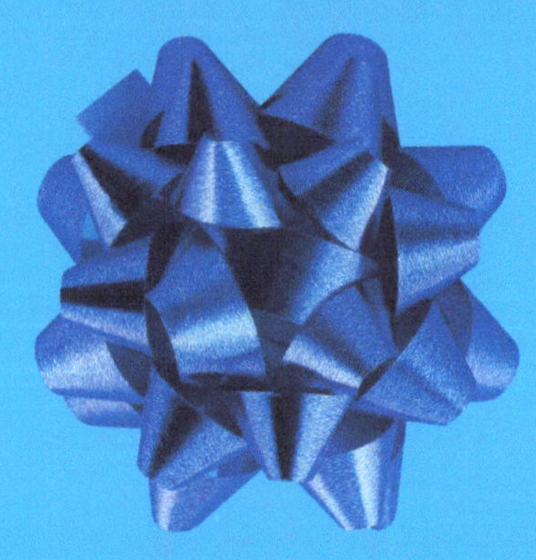

blauw

niebieski

geel

żółty

roze

różowy

wit
biały
groen
zielony
zwart
czarny

veelkleurig
wielokolorowy

regenboog

tęcza

appel

jabłko

banaan

banan

tomaat

pomidor

sinaasappel

pomarańcza

wortel

marchewka

erwten

groszek

aardappel

ziemniak

maïs

kukurydza

citroen

cytryna

druiven

winogrona

peer

gruszka

watermeloen

arbuz

courgette

cukinia

ei

jajko

paddenstoel

grzyb

vierkant

kwadrat

cirkel

koło

rechthoek

prostokąt

driehoek

trójkąt

kat

kot

hond

pies

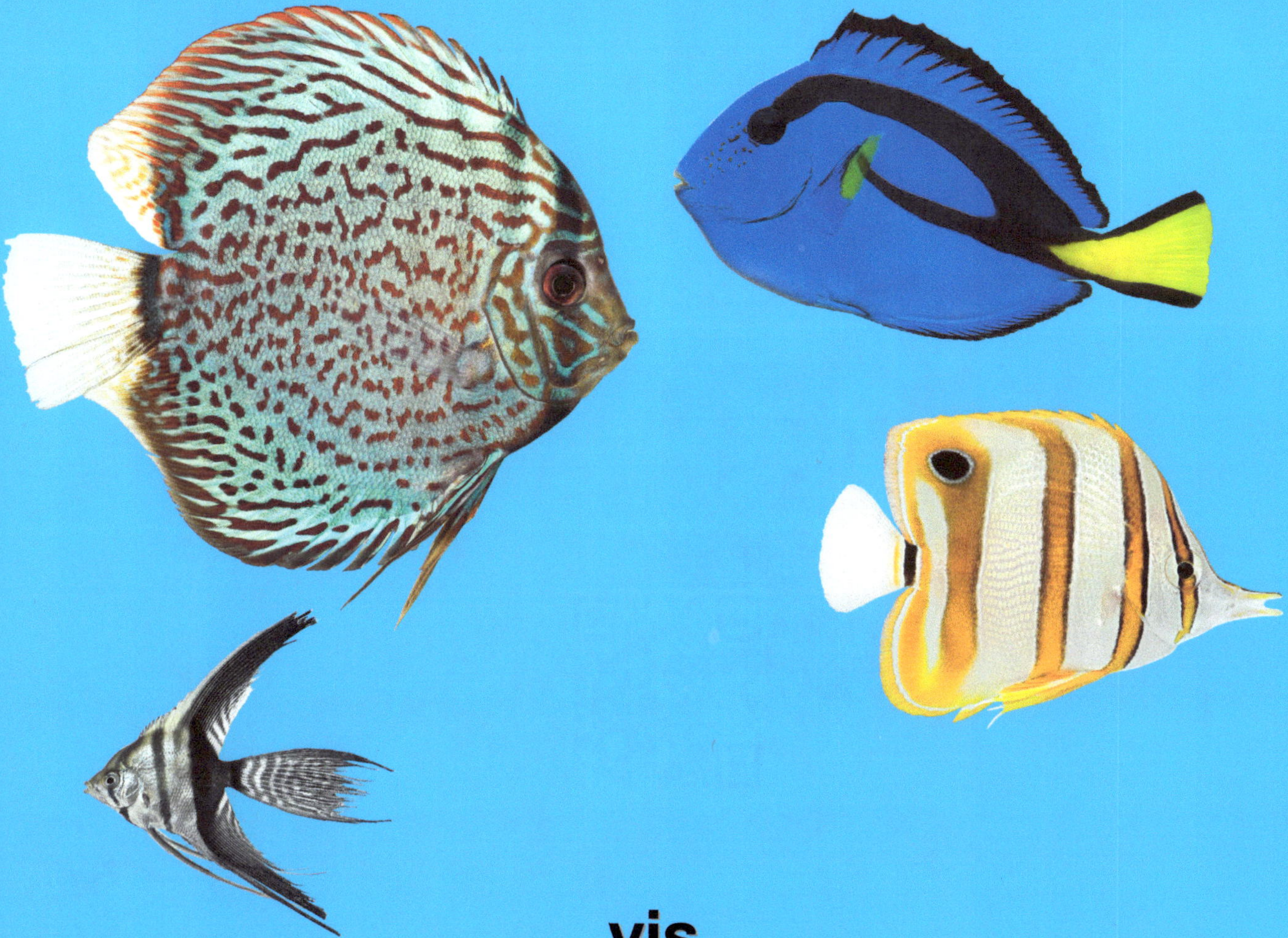

vis

ryba

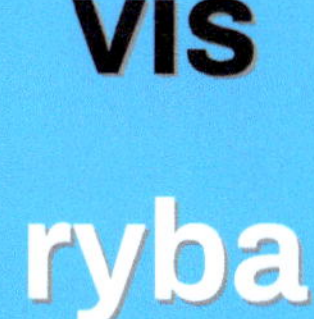

koe

krowa

eend

kaczka

kuiken

pisklę

kip

kura

kikker

żaba

varken

świnia

konijn

królik

muis

mysz

paard

koń

schaap

owca

bloem

kwiat

vlinder

motyl

lieveheersbeestje

biedronka

slak

ślimak

taart

ciasto

brood

chleb

klok

zegar

sleutel

klucz

boek

książka

bal

piłka

tafel

stół

bord

talerz

stoel

krzesło

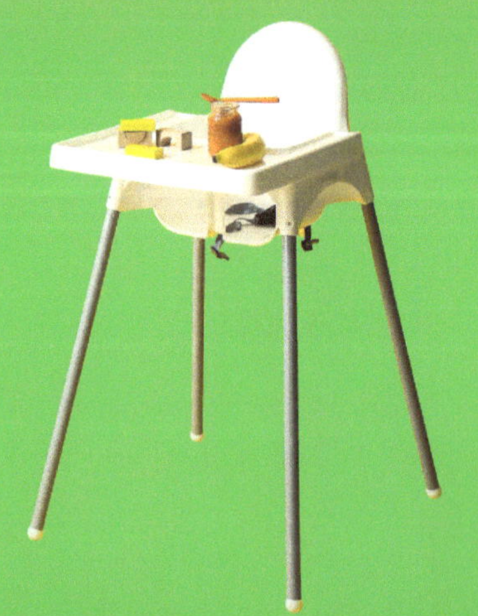

kinderstoeltje

wysokie krzesełko

vork

widelec

mes

nóż

lepel

łyżka

beker

filiżanka

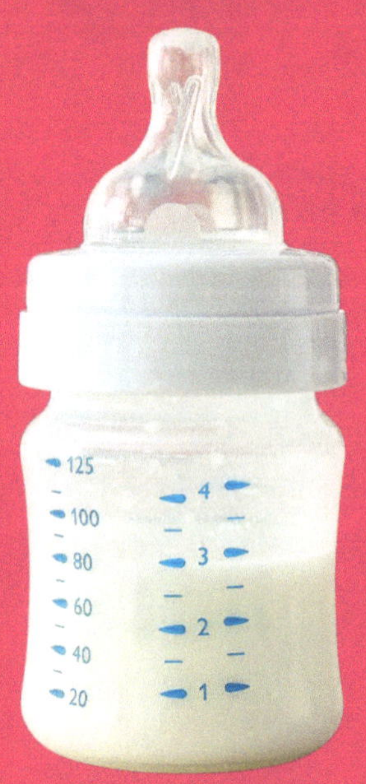

baby flesje

butelka dla niemowląt

glas

szklanka

bed

łóżko

wieg

kołyska

teddybeer

pluszowy miś

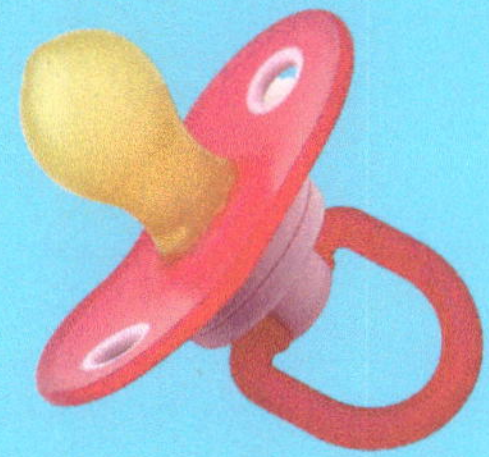

speen

smoczek

handdoek

ręcznik

wastafel

umywalka

tandenborstel

szczoteczka do zębów

zeep

mydło

toiletten

toaleta

potje

nocnik

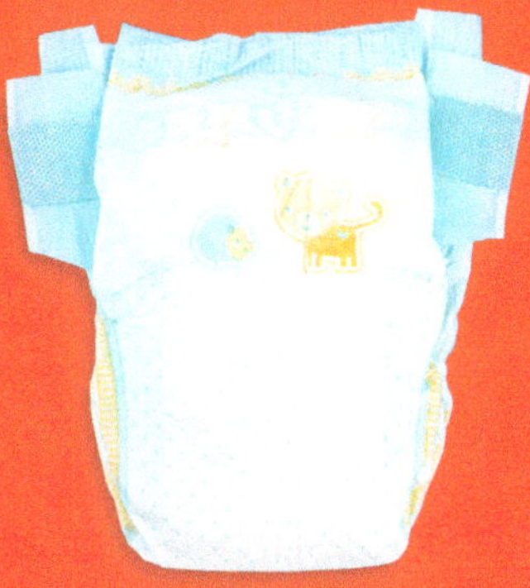

luier

pieluszka

auto

samochód

fiets

rower

vliegtuig

samolot

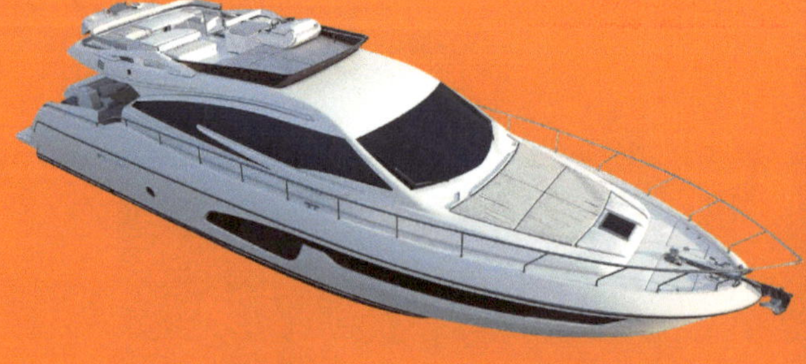

boot

łódź

brandweerwagen

wóz strażacki

trein

pociąg

speelgoed

zabawki

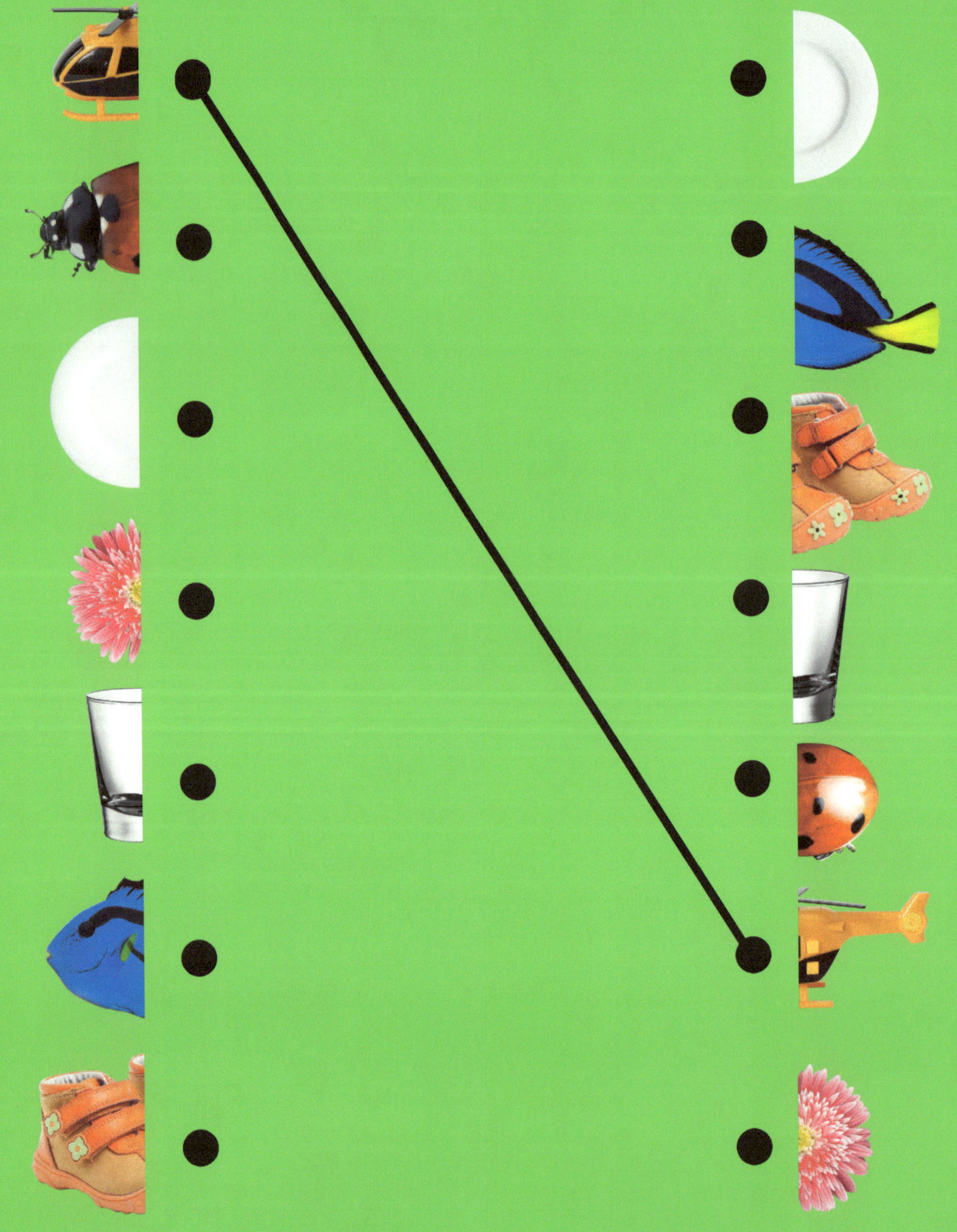